Anne-Marie Chapo

Florian
voudrait un animal

Père Castor • Flammarion

-Dis, maman, je voudrais bien un chien…
Un chien avec de bons yeux, de grosses pattes
et qui remue la queue,
un chien pour moi, tout joyeux…

Maman soupire :
– Je te l'ai déjà dit, Florian, un chien, ça aboie tout le temps ; il serait malheureux dans l'appartement.
Et puis il faut le sortir pour pipi-caca et tout ça…

Maintenant, c'est Florian qui soupire.
Et il va voir papa.
– Dis, papa, maman ne veut pas d'un chien.
Alors je voudrais avoir un chat !
Un chat tout petit, un chaton, quoi !…
Avec des yeux ronds, un poil tout doux
et qui ronronne en me voyant…

Papa lève les bras au ciel :
– Oh ! là, là ! Un chat, malheur !
Ça vole la nourriture, ça miaule, c'est filou.
Un chat qui met des poils partout, pas de ça chez moi !

Et Florian s'en va en traînant les pieds.

Le lendemain, comme il a une autre idée,
Florian va tirer son père par la manche.
– Ça y est, papa, j'ai trouvé ! dit-il.
C'est un perroquet que je veux avoir.
Un perroquet sur un perchoir.
Bleu, rouge et bavard.
Pas de puces, pas de poils,
ça ne vole pas la nourriture.
Pas besoin de le sortir
pour pipi-caca sur les trottoirs.

Papa répond seulement :
– Un perroquet, c'est mal élevé, ça dit des gros mots !
Ce n'est pas un oiseau pour un petit garçon !

Quelques jours après, Florian se lève en criant :
– Maman, maman, je sais ce qu'il me faut :
c'est un hamster dans une cage !
Il sera bien sage. Il fera tourner sa roue
et je l'apprivoiserai, je le câlinerai, je…

Maman est déjà en train de gémir :
– Florian, Florian ! Un hamster, ça sent mauvais.
Ça dort tout le temps. Ça ne fait que salir sa cage
et puis ça ressemble à un rat, je n'aime pas ça.
D'autant plus que ça a mauvais caractère !

Et Florian, tout triste, se dit :
« Il faut que je trouve un animal encore plus petit que ça.
Peut-être alors que mes parents diront oui. »

Le lendemain, Florian ne veut pas se lever.
Il a de la fièvre, il a mal à la tête,
mal au ventre et mal dans la poitrine.

Le docteur vient.
Il examine Florian et le taquine un peu :
– Alors tu as attrapé un gros microbe ?
Florian secoue la tête :
– Non, c'est un microbe très petit.
Peut-être qu'on voudra bien me le laisser
pour qu'il me tienne compagnie.

Puis Florian se met à rire.
Il ne peut pas s'arrêter de rire.
Tout le monde est là, à côté de son lit,
à se demander ce qu'il a.

Enfin Florian dit :
– Écoutez comment ce sera chez moi
quand je serai grand.
Il y aura un boa sur mon canapé,
un singe sur mon balcon,
des poissons dans la machine à laver
et un bébé hippopotame dans la baignoire.

Et tous les matins j'irai au travail
en traîneau tiré par six chiens esquimaux.
Ha, ha ! Quand je serai grand, vous verrez
ce que vous verrez, je vous le promets.

Le soir, la fièvre est tombée.
Mais Florian est bien fatigué.
Florian ne rit plus, Florian ne pense plus
aux animaux qu'il aura quand il sera grand.
Il est très triste tout seul, tout malheureux.
Alors, tout d'un coup, il entend un petit bruit.
C'est là, derrière la fenêtre.
Il se met debout sur son lit pour mieux voir.
Là, sur le rebord de la fenêtre, il y a un gros merle
qui tourne, sautille et se retourne.
Florian regarde le merle, et le merle regarde Florian,
puis il s'envole un peu plus loin.

POLICE

Maman est rentrée dans la chambre.
Elle a tout vu. Elle dit à Florian :
– Tu sais, j'ai une idée : si tu veux…
je vais chercher des miettes,
nous les mettrons sur la fenêtre.
Comme ça, le merle reviendra te voir,
et peut-être qu'il s'apprivoisera…

Florian ferme les yeux et sourit :
– Il s'apprivoisera sûrement ;
c'est une bonne idée, maman.
Et il se rendort tout content.

... Aux parents

Envie de posséder un animal : c'est banal et même normal !

Avant 3-4 ans, le tout-petit éprouve de la curiosité pour le règne animal, y compris les insectes. Mais, devenu plus grand, comme Florian, l'observation des fourmis ne lui suffit plus : il veut donner et recevoir de l'affection, avoir un ami sans histoire. Ainsi, les trois quarts des enfants de l'âge de Florian souhaitent un être vivant « à eux », pour établir une relation affective dont ils garderont le contrôle.

Contrairement à un petit copain du même âge, l'animal ne juge pas, ne critique pas et, de ce fait, est un confident idéal qui ne trahit jamais ! Le chien, par exemple, donne à l'enfant le sentiment d'être apprécié puisqu'il lui fait la fête dès qu'il l'aperçoit. Il le sécurise et est toujours là pour le consoler. Le ronronnement du chat, le bavardage du perroquet et les acrobaties du hamster sont également interprétés comme des manifestations d'amitié par l'enfant.

Cependant, un animal n'est pas un jouet : il faut donc concilier le rêve de l'enfant avec la réalité. Si le vôtre réclame un chien et que vos conditions de vie ne le permettent pas, faites-lui mesurer les conséquences d'un tel choix. Voudrait-il rendre un animal malheureux ? Probablement pas ! Avec le chat, le perroquet ou le hamster, Florian n'a guère plus de succès. Lui expliquer chaque fois les raisons de votre refus évite que l'enfant n'éprouve un gros sentiment d'injustice. Pour autant, on ne peut dire « non » à tout. Les parents de Florian l'apprennent à leurs dépens ! Florian est triste et ne pense plus qu'aux animaux qu'il aura quand il sera grand.

Heureusement, le compromis s'impose de lui-même : c'est un coquin de merle comme on en voit souvent. En aidant Florian à l'apprivoiser, sa mère fait preuve de bonne volonté. Finalement, Florian aura un petit animal sans contraintes pour ses parents et tout le monde sera content. De votre côté, incitez votre enfant à regarder autour de lui : ce ne sont pas les merles, les moineaux ou les mésanges qui manquent !

Nathalie Szapiro, *médecin-journaliste*

HISTOIRES DE GRANDIR

dans la même collection :

- Fanny veut être grande
- La nouvelle chambre de Titou
- Lola a le cœur qui bat
- Un ami pour Antoine
- La mamie de Rosalie est partie
- Le doudou perdu d'Océane
- Emma a deux maisons
- Le gros bobo d'Adèle
- Les lacets de Valentin

Imprimé par PPO Graphic, 93500 Pantin - 08-2004 - N° d'Impression : 7866
Dépôt légal : septembre 2004 - N° d'éditeur : 2569
Loi n°49-956 du 16 juillet 1949 sur les publications destinées à la jeunesse.